IMPROVISATIONSSPIELE FÜR DIE PRIMARSCHULE

Martin Keller

4. Auflage 2018

Lektorat: Nicola Köhler

Illustrationen: Martin Keller St.Gallen

Herstellung und Verlag: BoD- Books on Demand, Norderstedt

ISBN: 978-3-7519-1842-8

INHALTSVERZEICHNIS

Im Rahmen meiner Bachelorarbeit ging ich dem Thema nach, wie die Auftrittskompetenz von Kindern durch Improvisationsspiele gefördert werden kann. Dabei wurden vier Kernbereiche herausgearbeitet, welche die Auftrittskompetenz von Kindern fördern. Folgende Bereiche werden durch Improvisationsspiele und Theaterübungen gefördert:

Wahrnehmung - Präsenz
Beziehung - Kommunikation
Sprache - Stimme
Ausdruck - Körper

In diesem Praxisbuch werden zuerst Übungsspiele mit den verschiedenen Schwerpunkten aufgeführt, die sich eignen, um die Kernbereiche zu stärken. In einem weiteren Teil gibt es eine Sammlung von Improvisationsspielen.

Improvisationstheater ist Theater ohne auswendig gelernten Text. Jede Szene ist einzigartig und wird nie wieder gleich vorgetragen. Durch Kreativität und Mut werden aus dem Stegreif tolle Geschichten erfunden. Dazu braucht es nichts, ausser die Fantasie der Spielenden. Aus diesem Grund eignen sich Improvisationsspiele als Überbrückung von Wartezeiten, zur Auflockerung zwischen Lektionen oder als Einstieg in ein neues Thema. Die Improvisationsspiele und Übungen sind alle nach demselben Muster aufgebaut. Damit die Spielleitung das passende Spiel findet, ist im Anhang eine Tabelle mit einer Übersicht aller Spiele zu finden.

Kapitel: **Vorwort**

Den Einsatzmöglichkeiten von Improvisationsspielen sind keine Grenzen gesetzt. Viele Spiele eignen sich als Einstieg in eine Schullektion. Mit Hilfe eines Improvisationsspiels lässt sich zum Beispiel eine Lernstandserhebung durchführen. Beispielsweise kann mit dem Improvisationsspiel "Standbild" (siehe Seite 40) das Vorwissen der Schülerinnen und Schüler getestet werden. Durch das Spiel wird aufgezeigt, welche Fachbegriffe die Kinder zum entsprechenden Thema kennen. Oder es kann ein neues Lied mit Hilfe eines Improvisationsspiels eingeübt werden. Das Spiel dient als Grundlage, die Schülerinnen und Schüler erarbeiten dann eine kurze Szene mit dem Inhalt des Schulfachs.

Die Spiele lassen sich fast in jedem Schulfach integrieren. Sie müssen nicht zwingend improvisiert gespielt werden. Denkbar wäre auch, dass die Schülerinnen und Schüler die Spiele in Kleingruppen vorbereiten und später der Klasse vortragen.

Weil die Spiele, abgeändert, fast in jedem Fach eingesetzt werden können, wurde in diesem Buch darauf verzichtet, einen speziellen Einsatz vorzuschlagen.

Die Übungen sind alle gleich aufgebaut. Nach dem Titel folgt die Organisationsform. Darunter steht der Spielbeschrieb, der den Übungsablauf erklärt. Danach folgen Infos und Ziele der Übungen. Für eine schnelle Übersicht sind folgende Symbole entsprechend der Kernkompetenzen hervorgehoben:

Förderbereiche	
Wahrnehmung - Präsenz	Beziehung - Kommunikation
Sprache - Stimme	Ausdruck - Körper

Organisationsform	
Im Raum	
Im Kreis	In Gruppen

Abkürzungen

SpL   Die Spielleitung
Sp   Der Spieler, die Spielerin

Aufgrund der besseren Lesbarkeit wird in den Übungen und Spielen der Einfachheit halber nur die männliche Form verwendet. Die weibliche Form ist selbstverständlich immer miteingeschlossen.

Der Aufbau der Spiele unterscheidet sich minimal von den Übungen. Durch die Interaktionen mit den Mitspielenden, fördern Improvisationsspiele ganzheitlich alle vier Bereiche der Auftrittskompetenz. Da die meisten Spiele für Erwachsene Schauspielerinnen und Schauspieler entwickelt wurden, gibt es nach jedem Spielbeschrieb Tipps, wie sie in der Primarschule umgesetzt werden können.

5 WARUM ABSCHLUSSÜBUNGEN?

Beim Theaterspielen ist ein gemeinsamer Schluss wichtig. Es empfiehlt sich, dass die Lektion kurz gemeinsam reflektiert wird. Im Internet oder in Büchern sind nur wenige Ausstiegsspiele zu finden. Tendenziell eignen sich die ruhigen Aufwärmspiele für einen Schluss. Empfehlenswert sind diejenigen, die im Kreis durchgeführt werden. Mit dem Spiel "Best of" (siehe Seite 79) können nochmals die Highlights der Probe aufgefrischt werden.

Folgende zwei Grafiken veranschaulichen den Aufbau der Übungen und der Improvisationsspiele:

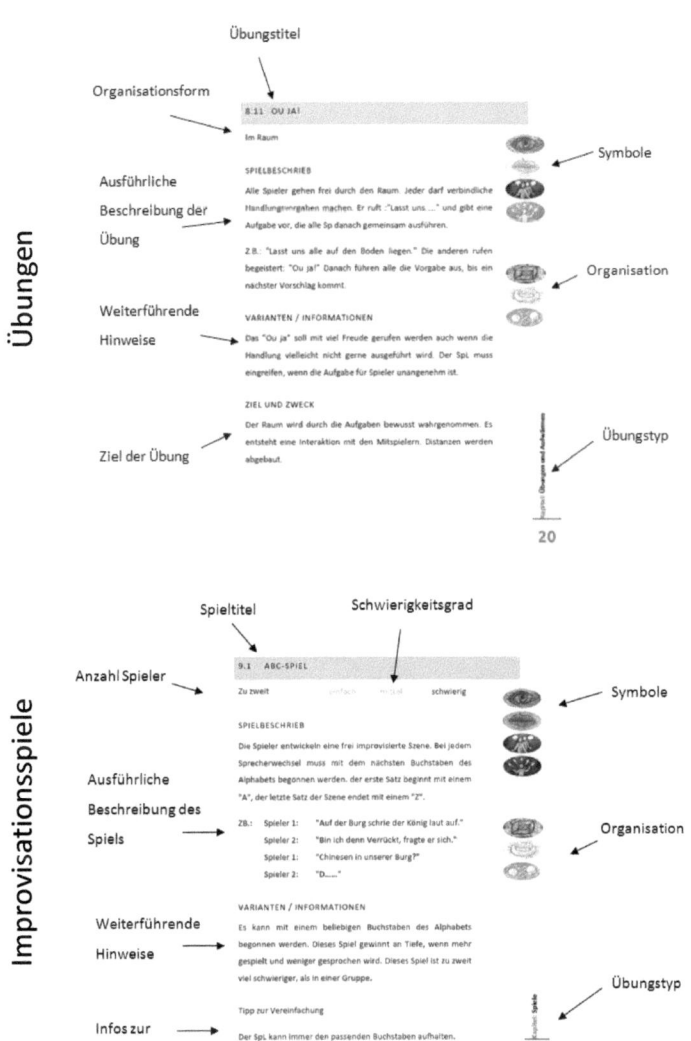

Damit Kinder ihre Kreativität ausleben können, müssen sie sich in erster Linie wohl fühlen. Die Lehrperson ist für die Rahmenbedingungen verantwortlich. Die Kinder sollen ohne Druck Improvisationstheater spielen dürfen. Aus diesem Grund wird davon abgeraten, mit Kindern vor Publikum zu improvisieren. Improvisationstheater ist als Spiel zu betrachten, welches allen Beteiligten Spass macht und nicht unter einem Leistungsdruck stehen sollte. Die Anleitungen gelten als Ideen. Sie dürfen gerne weiterentwickelt und abgeändert werden.

Marianne Miami Anderson[1] entwickelte folgende sechs Grundregeln, die ein freies Entfalten im Improvisationstheater unterstützen:

1. Geht auf Vorschläge von den anderen ein
2. Arbeitet zusammen, helft einander
3. Verwendet euren ersten Einfall
4. Vertraut auf eure Fantasie
5. Macht Vorschläge und geht auf Vorschläge ein
6. Lasst das Vorausplanen sein

Grundsätzlich sollen die Spielerinnen und Spieler alles tun, damit sich die Bühnenpartnerin oder der Bühnenpartner wohl fühlt.

---

[1] vgl. Felder et al., S. 154

Im Kreis

SPIELBESCHRIEB

Alle Sp stehen im Kreis. Es werden Assoziationen im Uhrzeigersinn weitergegeben. Ein Sp beginnt und sagt ein beliebiges Wort. Der nächste Sp nennt ein Wort, das ihm aufs Wort vom vorhergegangenen Sp einfällt. Der nächste Sp nennt das Wort, das ihm zum Wort vom zweiten Sp einfällt und so weiter. Die Sp sollen nicht überlegen, sondern einfach dem ersten Impuls folgen.

VARIANTEN / INFORMATIONEN

Nach zwei Runden kann versucht werden, den Assoziationskreis rückwärts zu machen. Jeder Sp sagt das Wort, auf das er assoziiert hat.

ZIEL UND ZWECK

Die Sp sollen sich auf Ihre erste Idee verlassen. In der erweiterten Version geht es um Zusammenarbeit und Merkfähigkeit.

Im Kreis

SPIELBESCHRIEB

Alle Sp stellen sich im Kreis auf eine Markierung (Schuh, Kreidekreis). Ein Sp stellt sich in die Mitte. Er macht eine wahre Aussage. Z.B. "Ich lege mich gerne an den Strand." Jeder Mitspieler, der diese Aussage mit Ja beantworten kann, hebt die Arme und ruft: "Ich auch, ich auch." Die Sp rennen nun alle durch die Mitte des Kreises und versuchen einen leeren Platz zu erwischen. Es ist nicht erlaubt, an seinen Ursprungsplatz zurück zu rennen. Der Sp in der Mitte versucht auch einen Platz zu erwischen. Derjenige Sp, der keinen Platz erwischt hat, steht neu in die Mitte.

Wenn der Sp eine Aussage macht, die nur auf ihn zutrifft, klatschen alle anderen Sp und loben ihn.

VARIANTEN / INFORMATIONEN

Dieses Spiel eignet sich sehr gut, um die anderen kennenzulernen.

ZIEL UND ZWECK

Dieses Spiel fördert das Zusammengehörigkeitsgefühl.

In Zweiergruppen

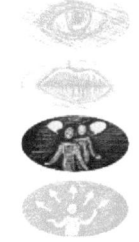

SPIELBESCHRIEB

Zwei Sp stellen sich im Raum mit zwei Meter Abstand zueinander auf. Der erste Sp sagt dem anderen, was ihm an ihm gefällt.

Z.B. "Mir gefallen deine Haare." Wenn dies der Sp, der das Kompliment erhalten hat, auch so sieht, macht er einen Schritt auf den anderen Sp zu. Wenn es nicht zutrifft oder der Sp denkt, das finde ich nicht, geht er einen Schritt vom anderen Sp weg.

Wenn sich beide Sp getroffen haben, werden die Rollen getauscht.

VARIANTEN / INFORMATIONEN

Die Sp dürfen sich bei der Suche nach den Komplimenten Zeit lassen. Beide Sp sollen die Stille dazwischen aus-halten.

ZIEL UND ZWECK

Bei dieser Übung wird die Beziehung gefördert. Es ist schön zu hören, wie viele positive Eigenschaften man hat.

Kapitel: Übungen und Aufwärmen

15

Im Kreis

SPIELBESCHRIEB

Alle Sp stellen sich im Kreis auf. Nach links wird das Wort "Whiskymixer", nach rechts wird das Wort "Wachsmaske" weitergegeben. Wenn ein Sp die Richtung wechseln möchte, sagt er "Messwechsel".

VARIANTEN / INFORMATIONEN

Sobald ein Sp lacht, auch wenn er nicht an der Reihe ist, muss er eine Runde um den Kreis rennen.

In einem weiteren Schritt, muss jeder rennen, der etwas falsch ausgesprochen hat.

ZIEL UND ZWECK

Dieser Zungenbrecher fördert die Artikulation und das Zusammengehörigkeitsgefühl.

Im Kreis

SPIELBESCHRIEB

Alle Sp stellen sich im Kreis auf. Ein Sp geht in die Mitte. Der Sp in der Mitte zeigt auf einen Mitspieler und sagt: "Bidibidibap". Der Sp aussen muss vor dem Sp in der Mitte "Bap" sagen. Wenn der Sp in der Mitte nur "Bap" sagt, darf der Sp aussen nichts sagen. Fällt der Sp aussen darauf herein oder ist er zu langsam, muss er in die Mitte.

VARIANTEN / INFORMATIONEN

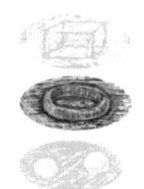

Es können nach und nach folgende Figuren eingefügt werden:

Toaster = Die Sp links und rechts vom Sp, auf den gezeigt wurde, halten sich an den Händen. Der Sp dazwischen hüpft auf und ab.
Kaputter Toaster = Dasselbe wie beim Toaster, nur hüpfen hier die zwei Sp aussen.

Der Sp in der Mitte zählt bei den Figuren möglichst schnell auf zehn. Wenn ein Sp etwas falsch macht, oder zu spät ist, muss dieser in die Mitte.

ZIEL UND ZWECK

Dieses Funspiel fördert die Präsenz und die Artikulation.

Im Raum

SPIELBESCHRIEB

Die Eisbären fangen Pinguine. Ein Eisbär beginnt, er hebt beide Arme und brüllt. Die Pinguine versuchen, vor dem Eisbär davonzulaufen. Sie dürfen nur watscheln, haben ihre Arme ganz eng am Körper angelegt und geben Piep-Geräusche von sich. Sobald ein Pinguin gefangen wird, wird er auch zum Eisbär. Das Spiel endet, wenn alle Pinguine in Eisbären verwandelt sind.

VARIANTEN / INFORMATIONEN

Dieses Spiel wird interessanter, wenn die Sp im Zeitlupentempo gehen.

ZIEL UND ZWECK

Ein Funspiel mit Gegensätzen, die Sp müssen wachsam sein, da immer mehr Eisbären auf der Jagd sind.

Kapitel: Übungen und Aufwärmen

8.7 SAMURAI

Im Kreis

SPIELBESCHRIEB

Alle Sp stellen sich im Kreis auf. Ein Sp beginnt, er hebt beide Arme nach oben, als halte er ein fiktives Schwert und ruft: "Ha!" Die Sp links und rechts schlagen mit ihrem fiktiven Schwert, das sie mit beiden Händen halten, dem Sp 1 in Richtung Bauch und rufen: "He!" Danach zeigt Sp 1 auf einen beliebigen anderen Sp und ruft: "Hu!" Dieser Sp beginnt wieder mit "Ha!"

VARIANTEN / INFORMATIONEN

Je gleichmässiger das Spiel läuft, desto besser. Die Sp versuchen einen Rhythmus zu finden und diesen zu halten.

ZIEL UND ZWECK

Die Sp müssen wachsam und präsent sein. Vor allem die Sp links und rechts vom "Samurai" müssen schnell reagieren und vergessen gerne ihren Einsatz.

Im Raum

SPIELBESCHRIEB

Die Sp stellen sich alle auf eine Markierung (Kreide, Schuh) im Raum. Es hat so viele Markierungen (Inseln), wie Sp. Ein Sp, startet von einer Ecke des Raumes aus. Das bedeutet eine Insel ist frei. Sein Ziel ist es, die freie Markierung (Insel) zu erwischen. Die anderen Sp versuchen das zu verhindern, indem sie Ihre Insel verlassen und die freie Insel besetzen. Somit entsteht aber eine neue freie Insel, die der Fänger besetzten kann.

VARIANTEN / INFORMATIONEN

Es sollte möglichst nur immer ein Sp seine Insel verlassen, damit der Fänger nicht sofort eine freie Insel erwischt. Das Spiel funktioniert in kleinen Räumen, wenn der Fänger im normalen Tempo geht und nicht rennt.

ZIEL UND ZWECK

Dieses Spiel fördert die Aufmerksamkeit und Präsenz. Die Sp müssen zu ihrer Entscheidung stehen. Wenn sie die Insel verlassen haben, gibt es kein Zurück. Die Sp müssen Verantwortung für andere übernehmen.

8.9 AFRIKANISCHER KLATSCHKREIS

Im Kreis

SPIELBESCHRIEB

Alle Sp stehen im Kreis. Einer beginnt und klatscht einmal mit einem beliebigen anderen Sp gemeinsam. Dieser gibt seinerseits das Klatschen weiter und klatscht mit einem anderen Sp gemeinsam.

VARIANTEN / INFORMATIONEN

Es hilft, wenn sich beide Sp in die Augen schauen. Der Rhythmus kann nach und nach gesteigert werden. Das Ziel ist, dass nur ein einziger Klatscher gehört wird.

ZIEL UND ZWECK

Dieses Spiel fördert die Aufmerksamkeit und die Präsenz. Jeder Sp muss konzentriert sein, damit er seinen Einsatz nicht verpasst.

Im Kreis

SPIELBESCHRIEB

Alle Sp stehen im Kreis. Es wird ein Klatschen weiter-gegeben. Ein Sp schaut seinen Nachbarn an und klatscht. Dieser nimmt das Signal auf und klatscht wiederum seinen Nachbarn an. Es darf die Richtung gewechselt werden.

VARIANTEN / INFORMATIONEN

In einem weiteren Schritt wird das Zip - Zap - Boing eingeführt. Klatscht man den linken Nachbarn an, ruft man "Zip", für den Rechten "Zap" und wenn quer durch den Raum geklatscht wird, "Boing".

ZIEL UND ZWECK

Dieses Spiel fördert die Aufmerksamkeit und die Präsenz.

Im Raum

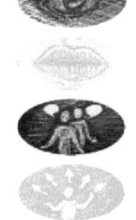

SPIELBESCHRIEB

Alle Sp gehen frei durch den Raum. Jeder darf verbindliche Handlungsvorgaben machen. Er ruft: "Lasst uns....." und gibt eine Aufgabe vor, die alle Sp danach gemeinsam ausführen.

Z.B.: "Lasst uns alle auf den Boden liegen." Die anderen rufen begeistert: "Ou ja!" Danach führen alle die Vorgabe aus, bis ein nächster Vorschlag kommt.

VARIANTEN / INFORMATIONEN

Das "Ou ja" soll mit viel Freude gerufen werden, auch wenn die Handlung vielleicht nicht gerne ausgeführt wird. Die SpL greift ein, wenn die Aufgabe für einen Sp unangenehm ist.

ZIEL UND ZWECK

Der Raum wird durch die Aufgaben bewusst wahrgenommen. Es entsteht eine Interaktion mit den Mitspielern. Distanzen werden abgebaut.

Kapitel: Übungen und Aufwärmen

In Gruppen

SPIELBESCHRIEB

Ein Sp spricht in einer fremden Sprache (Gromolo). Diese Sprache klingt nur wie eine Fremdsprache, hat aber keine Bedeutung. Ein anderer Sp benennt die Sprache und übersetzt die Sprache auf Deutsch.

Z.B. Sp1:   "A ruktu baktu habakuk."

  Sp2:   "Das ist ein russischer Dialekt und meint jeden morgen gehe ich auf die Jagd"

VARIANTEN / INFORMATIONEN

Es können unbekannte Fachausdrücke, oder Wörter, in die deutsche Sprache übersetzt werden. Danach wird aufgeklärt, was der Fachausdruck bedeutet.

ZIEL UND ZWECK

Durch nonverbale Kommunikation kann Gromolo Sprache verstanden werden, auch wenn sie nichts bedeutet.

Im Raum

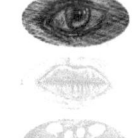

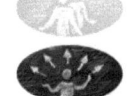

SPIELBESCHRIEB

Alle Sp stellen sich versteinert im Raum auf. Der SpL beschreibt, dass alle in einem Eisklotz eingefroren sind. Er steht in der Sonne und beginnt langsam zu schmelzen. Am Kopf taut das Eis zuerst auf und geht runter bis zu den Füssen. Auf Anweisung des SpL dürfen die Sp mehr und mehr Körperteile bewegen, bis sie am Ende frei durch den Raum gehen.

VARIANTEN / INFORMATIONEN

Guter Einstieg in den Raumlauf. Der SpL kann die Geschichte beliebig ausschmücken.

ZIEL UND ZWECK

Diese Übung hilft den Sp ihre Körperteile isoliert zu spüren. Der eigene Körper wird bewusst wahrgenommen.

Im Raum

SPIELBESCHRIEB

Alle Sp bewegen sich frei im Raum. Der SpL gibt das Tempo mit folgenden Zahlen vor:

0	keine Bewegung
1	Extreme Zeitlupe
5	normales Gehen
10	So schnell wie möglich

Die anderen Zahlen dazwischen dienen als Abstufung.

VARIANTEN / INFORMATIONEN

Die Tempi sollen nicht zu schnell verändert werden. Der SpL kann zusätzliche Aufträge geben. Z.B. "nehmt den Raum bewusst wahr." Als Variante können die Sp ohne Worte ihre eigene Geschwindigkeit finden, sodass alle im gleichen Tempo gehen. Wenn jemand schneller geht, passen sich alle Sp an, bis alle im selben Tempo gehen.

ZIEL UND ZWECK

Diese Übung dient der bewussten Wahrnehmung von den Mitspielern und des Raumes. Die Präsenz wird gesteigert.

Im Raum

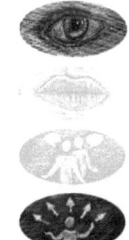

SPIELBESCHRIEB

Alle Sp bewegen sich frei im Raum (siehe Raumlauf 7.14).
Der SpL gibt das Tempo mit Zahlen und eine Untergrundart
vor. Z.B. "Stellt euch vor ihr geht über ...." Die Sp gehen
entsprechend durch den Raum. Mögliche Vorgaben sind:

> Barfuss durch den Schnee
> Barfuss über Glasscherben
> durch tiefen Morast
> über frisch geschnittenes Gras
> ....

VARIANTEN / INFORMATIONEN

Der SpL gibt Gefühle vor. (belustigt, traurig, wütend, einsam,
stark, unterdrückt, ...).

ZIEL UND ZWECK

Der Körper wird bewusst wahrgenommen. Die
Ausdrucksfähigkeit wird durch das "So-tun-als-ob" gestärkt.

Im Raum

SPIELBESCHRIEB

Alle Sp verteilen sich frei im Raum und bleiben stehen. Es darf nur ein Sp gehen. Wenn er stehen bleibt, muss sofort ein anderer Sp losgehen. Wenn wiederum ein stehender Sp zu gehen beginnt, muss der gehende Sp stehen bleiben.

VARIANTEN / INFORMATIONEN

Der SpL gibt vor, wie viele Sp sich bewegen dürfen. Z.B. Zwei Sp: In diesem Fall dürfen nur zwei Sp gleichzeitig gehen.

ZIEL UND ZWECK

Eine sehr gute Übung für die Wahrnehmung und Präsenz.

Im Raum

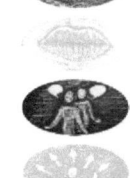

SPIELBESCHRIEB

Alle Sp gehen in einem neutralen Tempo frei durch den Raum. Plötzlich lässt sich ein Sp mit einem lauten Seufzer fallen. Alle anderen Sp rennen so schnell wie möglich hin und helfen der Person wieder auf die Beine. Alle Sp gehen weiter, bis die nächste Person umfällt.

VARIANTEN / INFORMATIONEN

Wenn immer wieder dieselbe Person umfällt, kann der SpL die Anzahl "Stürze" begrenzen.

ZIEL UND ZWECK

Bewusst auf die anderen eingehen, die Präsenz wird gefördert. Es ist ein schönes Gefühl, wenn einem sofort aufgeholfen wird. Die Sp fühlen sich in der Gruppe geborgen.

Im Raum

SPIELBESCHRIEB

Alle Sp gehen in einem neutralen Tempo frei durch den Raum. Wenn sich zwei Sp treffen, erfinden sie gemeinsam ein spezielles und einzigartiges Begrüssungsritual. Immer wenn sich die gleichen Sp treffen, wiederholen sie ihr Ritual.

VARIANTEN / INFORMATIONEN

Bei mehr als acht Spielern empfiehlt es sich, mehrere Gruppen zu bilden.

ZIEL UND ZWECK

Die Sp interagieren miteinander und definieren durch ihr spezielles Ritual die Beziehung zwischen den beiden Figuren.

8.19 FOLLOW THE KING

In einer Reihe durch den Raum

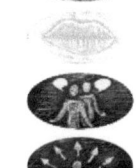

SPIELBESCHRIEB

Alle Sp gehen in einer Reihe hintereinander. Der vorderste Sp ist der König und gibt eine spezielle Gangart oder ein Hindernis vor. Alle nachfolgenden Sp übernehmen das Vorgegebene und gehen im selben Gang oder überqueren dasselbe Hindernis.

Wenn der König genug hat, schliesst er sich der Schlange hinten an und ein neuer König gibt die Vorgaben.

VARIANTEN / INFORMATIONEN

Bei mehr als acht Spielern empfiehlt es sich, mehrere Gruppen zu bilden.

ZIEL UND ZWECK

Akzeptieren der Vorgaben vom König. Bewusstes Wahrnehmen der Umgebung und des Raumes.

8.20 ZWEI SACHEN

Im Kreis

SPIELBESCHRIEB

Alle Sp stehen im Kreis. Ein Sp beginnt und fragt einen andern: "Zwei Sachen, die du......"Z.B. "Andreas, zwei Sachen, die du gerne deiner Mutter sagen möchtest." Der andere Sp antwortet so schnell wie möglich, ohne zu überlegen. Daraufhin sagen alle anderen Sp im Chor: "Das sind zwei Sachen."

VARIANTEN / INFORMATIONEN

Bei den Antworten spielt es keine Rolle, was gesagt wurde. Hauptsache ist, dass die Assoziationen ganz schnell vorgetragen werden.

ZIEL UND ZWECK

Ein schnelles sprachintensives Spiel. Die Sp sollen sich auf die erste Idee verlassen, auch wenn die Worte auf den ersten Eindruck nicht zur Frage passen.

8.21 EIN-WORT GESCHICHTE

In Gruppen

SPIELBESCHRIEB

Der SpL gibt ein Thema vor. Die Sp erzählen eine Geschichte. Dabei darf jeder jeweils nur ein Wort sagen.

Z.B.: Sp 1:   "Am"
      Sp 2:   "Anfang"
      Sp 3:   "war"

VARIANTEN / INFORMATIONEN

Wenn die Geschichte zu sehr vom Thema abweicht, kann der SpL eine Glocke läuten und eine neue Geschichte wird begonnen.

ZIEL UND ZWECK

Gemeinsam eine Geschichte erzählen, ohne dass vorausgeplant werden kann. Die Ideen der anderen Mitspieler müssen akzeptiert werden.

Im Kreis

SPIELBESCHRIEB

Alle Sp stehen im Kreis Der SpL gibt einen Rhythmus vor (Abwechslungsweise klatschen und patschen), sodass ein gleichmässiger Rhythmus entsteht. Dieser wird von allen Spielern übernommen. Dazu werden nun zusammengesetzte Wörter gebildet. Ein Sp beginnt und sagt vorzugsweise ein Nomen oder ein Wortanfang. Danach geht es im Uhrzeigersinn weiter. Der nächste Sp sagt das passende Wort dazu. Danach sagen alle Sp im Chor beide Worte und fügen A Ram Tam Tam hinzu.

Z.B.	Sp A:	"Eis",
	Sp B:	"Bär",
	Alle:	"EisBär A RamTamTam"

VARIANTEN / INFORMATIONEN

Der SpL kann mit der Zeit den Rhythmus steigern. Es ist wichtiger, dass der Rhythmus beibehalten wird, als dass die Worte einen Sinn ergeben. Die Worte sollen immer auf das Patschen erfolgen.

ZIEL UND ZWECK

Die Sp müssen präsent sein. Es ist ein schnelles und wortintensives Spiel, bei dem die Sp sehr aufmerksam sein müssen.

8.23 SPIEGEL

In Zweiergruppen

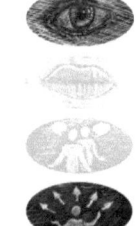

SPIELBESCHRIEB

Immer zwei Sp stehen gegenüber. Einer von beiden Spielern gibt die Bewegung vor, der andere macht sie nach, als wäre er das Spiegelbild.

VARIANTEN / INFORMATIONEN

Es kann versucht werden, ein Spiegelbild darzustellen, ohne dass eine Person die Führung übernimmt.

Der eine Sp macht das Gegenteil von seinem Spiegelbild. Z.B. wenn Sp 1 aufsteht, setzt sich Sp 2 hin.

ZIEL UND ZWECK

Diese Übung fördert die Wahrnehmung und Präsenz, sowie das Darstellen mit dem Körper.

Im Raum auf einer Linie

SPIELBESCHRIEB

Alle Sp stellen sich auf einer Linie an einem Ende des Raumes auf. Sie versuchen auf ein Kommando im Zeitlupentempo das Ziel zu erreichen. Gewonnen hat der Sp, der die Ziellinie als Letzter überquert.

VARIANTEN / INFORMATIONEN

Die anderen Mitspieler dürfen "gefoult" werden. Natürlich ohne, dass sich jemand verletzt. Die Interaktionen in Zeitlupe sind meist spannender, als das Rennen selbst.

ZIEL UND ZWECK

Der Körper wird bewusst wahrgenommen. Es entstehen kleine Geschichten durch die Interaktionen zwischen den Spielern.

8.25 ZEITLUPENSCHLÄGEREI

In Gruppen

SPIELBESCHRIEB

Maximal vier Sp führen eine Schlägerei im Zeitlupentempo aus. Die Sp sollen nicht nur austeilen, sondern auch mit Freude einstecken. Die Mimik darf übertrieben dargestellt werden.

VARIANTEN / INFORMATIONEN

Bei der Schlägerei kann das "Toc" thematisiert werden. Ein Stilmittel der Pantomime. Nach jedem Bewegungsablauf folgt ein Toc. Eine ganz kurze Pause, die das Ende des Bewegungsablaufs definiert.

ZIEL UND ZWECK

Dieses Spiel fördert den Körperausdruck. Die langsamen Bewegungen sollen möglichst fliessend ausgeführt werden.

Im Kreis

SPIELBESCHRIEB

Alle Sp stellen sich im Kreis auf. Ein Sp beginnt und mimt einen Gegenstand. Diesen gibt er seinem Nachbarn weiter. Dazu darf er ein passendes Geräusch machen. Der Nachbar nimmt den Gegenstand in seiner Form an, verändert ihn pantomimisch und gibt ihn seinerseits mit einem Geräusch weiter.

VARIANTEN / INFORMATIONEN

Als Variante kann auch ein Gefühl weitergegeben werden. Dieses Gefühl wird gesteigert, bis es nicht mehr möglich ist. Danach kann das Gefühl wieder kleiner gemacht werden, bis es nicht mehr wahrgenommen wird.

ZIEL UND ZWECK

Diese Übung fördert die Wahrnehmung und die pantomimische Ausdrucksfähigkeit.

In Gruppen

SPIELBESCHRIEB

Ein Sp beginnt eine Geschichte mit: "Weisst du noch als wir..." zu erzählen.

Der nächste Sp sagt: "Oh ja und dann ..." und erzählt die Geschichte weiter. Sobald ein Sp einen Einfall hat führt er die Geschichte fort.

ZB: Sp1: "Weisst du noch als wir angeln waren?"

Sp2: "Oh ja und dann hat ein grosser Fisch angebissen und dich nach unten gezogen."

Sp3: "Oh ja und wir mussten..."

VARIANTEN / INFORMATIONEN

Wenn ein guter Schluss gefunden wurde, kann eine neue Geschichte erfunden werden. Die Gefühle der anderen können besser wahrgenommen werden, wenn man sich gegenseitig anschaut.

ZIEL UND ZWECK

Eine Übung für die Sprache und Stimme, die gleichzeitig die Beziehung zwischen den Spielern fördert.

Kapitel: Übungen und Aufwärmen

Im Raum

SPIELBESCHRIEB

Die Sp erstellen gemeinsam ein pantomimisches Standbild. Jeder Sp betritt einzeln die Szene und erklärt, was er darstellt. Der SpL gibt das Thema vor.

Z.B. Thema Indianer

Sp1:	Ich bin ein Indianer (stellt sich hin)
Sp2:	Ich bin ein Tomahawk (stellt sich neben den Indianer)
Sp3:	Ich bin eine Feder (mimt eine Feder auf dem Kopf des Indianers)
Sp4:	...

VARIANTEN / INFORMATIONEN

Um die Wartezeiten zu verkürzen, in Kleingruppen durchführen.

ZIEL UND ZWECK

Gemeinschaftsgefühl stärken. Jeder ist ein Teil des Ganzen.

8.29 SUBTEXT

In Gruppen

SPIELBESCHRIEB

Zwei Sp erhalten folgenden Text:

Sp1:	"Hallo"
Sp2:	"Hallo"
Sp1:	"Ich bin da"
Sp2:	"Ja"

Die Sp sollen sich mögliche Szenarien ausdenken.

Z.B. Einer kommt nach einer langen Reise nach Hause, der Lehrling kommt zu spät zur Arbeit, eine Person sieht zum ersten Mal ihren Chatpartner und so weiter. Der Text wird mit diesem Gefühl und Hintergrund den Zuschauern vorgetragen.

VARIANTEN / INFORMATIONEN

Der SpL kann die Gefühle oder Situationen vorgeben. Die Zuschauer beschreiben danach, was sie gesehen haben.

ZIEL UND ZWECK

Diese Übung zeigt auf, was sich ändert, wenn ein Text anders gesprochen wird. Sie fördert auch die Wahrnehmung der Zuschauer.

Kapitel: Übungen und Aufwärmen

41

8.30 VERÄNDERN

In Gruppen

SPIELBESCHRIEB

Ein Sp betritt mit einem neutralen Gefühl den Raum. Auf einem Stuhl findet er einen Brief (leeres Blatt Papier). Der Sp stellt sich vor, was er darin liest und spielt dies. Durch die Vorstellung verändert sich das Gefühl. Danach verlässt er den Raum wieder. Der Sp darf nicht sprechen.

Z.B.   Im Brief steht, dass der Sp etwas gewonnen hat.

Im Brief steht, dass jemand gestorben ist.

.....

VARIANTEN / INFORMATIONEN

Der SpL kann vorgeben, was im Brief steht. Die Zuschauer beschreiben danach, was sie gesehen haben.

ZIEL UND ZWECK

Diese Übung fördert die Ausdrucksfähigkeit ohne Worte und zeigt auf, wie sich Sp auf der Bühne verändern können.

In Gruppen

SPIELBESCHRIEB

Ein Sp geht zu einem Bewerbungsgespräch. Ein Sp spielt den Chef, der andere Sp spielt den Bewerber. Der Bewerber stellt sich, bevor er die Bühne betritt, ein Tier vor. Er übernimmt dessen Eigenschaften und wiederholt sich immerzu "ich bin ein..." "Ich bin ein..."

Z.B.   Eine langsame Schnecke, ein hungriger Löwe

Während dem Gespräch denkt der Sp immerzu "ich bin ein Löwe", "ich bin ein Löwe."

VARIANTEN / INFORMATIONEN

Die Zuschauer raten nach der Szene das Tier, das der Sp dargestellt hat.

Die Sp sollen versuchen, möglichst viel Mensch und möglichst wenig Tier zu spielen. Das heisst, dass er nicht wie ein Löwe brüllt, aber mutig und erhaben wie ein Löwe ist.

ZIEL UND ZWECK

Diese Übung fördert die Ausdrucksfähigkeit und Präsenz. Durch das Mantra ist es unmöglich vorauszuplanen.

Kapitel: Übungen und Aufwärmen

43

In Gruppen

SPIELBESCHRIEB

Ein Sp geht auf die Bühne und führt eine Alltagshandlung aus. Bevor er die Bühne betritt, denkt er sich ein Gefühl und eine entsprechende Geschichte aus. Auf der Bühne soll der Sp möglichst wenig sprechen und das Gefühl sehr intensiv darstellen. Nach einer gewissen Zeit betritt ein zweiter Sp die Bühne und stellt den ersten Sp vor: Wer ist er, was macht er und weshalb ist er so.

VARIANTEN / INFORMATIONEN

Der SpL kann die Gefühle vorgeben. Nachdem der erste Sp vom anderen vorgestellt wurde, sagt der Sp welches Gefühl er spielte.

ZIEL UND ZWECK

Bei dieser Übung werden die Ausdrucksfähigkeit und die Wahrnehmung gestärkt. Der erste Sp bekommt eine direkte Rückmeldung, wie sein Spiel auf andere wirkt.

Im Raum

SPIELBESCHRIEB

Immer zwei Sp sind zusammen Bildhauer und Granitblock. Der eine Sp modelliert den anderen. Der Bildhauer darf den anderen Sp im Raum aufstellen, damit ein "Gesamtbild" z.B. im Bezug zum Raum entsteht. Danach werden die Statuen den anderen Bildhauern präsentiert.

VARIANTEN / INFORMATIONEN

In einem weiteren Schritt können Statuen in einer Interaktion miteinander modelliert werden.

ZIEL UND ZWECK

Diese Übung fördert die bewusste Wahrnehmung des Körpers. Kleine Details verändern das Bild und die Stimmung.

Kapitel: Übungen und Aufwärmen

In Gruppen

SPIELBESCHRIEB

Ein Sp beginnt und betritt die Bühne. Er stellt etwas pantomimisch dar. Danach verlässt er die Bühne wieder. Der nächste Sp übernimmt das Dargestellte von seinem Vordermann und fügt etwas Eigenes hinzu. Nach und nach wird ein Raum so pantomimisch definiert. Ähnlich dem Spiel "Ich packe in meinen Rucksack."

VARIANTEN / INFORMATIONEN

Es sollen alle Sachen von den vorhergehenden Sp übernommen werden. Es ist erlaubt diese leicht abzuändern.

ZIEL UND ZWECK

Diese Übung fördert die pantomimische Ausdrucksfähigkeit.

8.35 MONSTER

In einer Gruppe

SPIELBESCHRIEB

Alle Sp stellen sich so auf, dass alle Köpfe ganz eng beieinander sind. Die Sp beantworten als Monster gemeinsam im Chor Fragen vom SpL.

Z.B. SpL   Liebes Monster, was isst du den gerne?

      Sp   IIIIcccchhhhh   eeeeesssseeee   geeerne Piiiizzzzaaaa

VARIANTEN / INFORMATIONEN

Wenn möglich sollte man nicht hören, wer den Impuls für die Antwort gibt. Es ist erstaunlich, wie gut diese Übung funktioniert. Je mehr Sp mitmachen, desto besser.

ZIEL UND ZWECK

Diese Übung hilft ein Gruppengefühl zu entwickeln.

Zu zweit   einfach mittel **schwierig**

SPIELBESCHRIEB

Die Sp entwickeln eine frei improvisierte Szene. Bei jedem Sprecherwechsel muss der erste Satz mit dem nächsten Buchstaben des Alphabets beginnen. Der erste Satz beginnt mit einem "A", der letzte Satz der Szene endet mit einem "Z".

Z.B:	Sp 1:	"**A**uf der Burg schrie der König laut:"
	Sp 2:	"**B**in ich denn verrückt, fragte er sich."
	Sp 1:	"**C**hinesen in unserer Burg?"
	Sp 2:	"**D**......"

VARIANTEN / INFORMATIONEN

Es kann mit einem beliebigen Buchstaben des Alphabets begonnen werden. Dieses Spiel gewinnt an Tiefe, wenn mehr gespielt und weniger gesprochen wird. Dieses Spiel ist zu zweit viel schwieriger, als in einer Gruppe.

TIPP ZUR VEREINFACHUNG

Der SpL kann immer den passenden Buchstaben hochhalten.

9.2 DAS DING

Zu viert  einfach **mittel** schwierig

SPIELBESCHRIEB

Drei Sp spielen eine frei improvisierte Szene. Ein Sp spielt "Das Ding". Das bedeutet, die Sp spielen die Szene und "Das Ding" muss alle Gegenstände, die in der Szene auftauchen, pantomimisch und unter vollem Körpereinsatz darstellen.

Z.B. Ein Sp sagt, dass er eine Zahnbürste braucht. Sofort spielt der Sp, der das Ding spielt, die Zahnbürste.

VARIANTEN / INFORMATIONEN

Der Sp, der das Ding spielt, wird sich sehr anstrengen müssen, um alle Gegenstände darzustellen.

TIPP ZUR VEREINFACHUNG

Kurze Pausen einlegen, damit "das Ding" mehr Zeit hat.

Zu dritt   einfach **mittel** schwierig

SPIELBESCHRIEB

Drei Sp spielen eine frei improvisierte Szene. Diese soll möglichst genau eine Minute dauern. Der SpL überwacht die Zeit und bricht das Spiel nach ungefähr einer Minute ab. Danach spielen die Sp dieselbe Szene in 30 Sekunden nochmals. Danach in 15 S. und 7.5 S.

VARIANTEN / INFORMATIONEN

Die Sp müssen versuchen die Zeitvorgaben 30 S., 15 S. und 7.5 S. genau zu treffen.

Reverse: Drei Sp gehen nach draussen. Sie dürfen nur die Szene sehen, die 7.5 S. dauert. Danach müssen die drei Sp die Szene wieder "aufblähen" und in 15 S., 30 S. und in 60 S. spielen.

TIPP ZUR VEREINFACHUNG

Der SpL gibt den Spielern ein Signal mit einem Gong, wenn die Zeit erreicht ist.

Zu dritt   einfach mittel **schwierig**

SPIELBESCHRIEB

Drei Sp werden von Zuschauern modelliert. Das so entstandene Standbild dient als Schlussszene für die folgende Szene. Wenn dieses Zielbild erreicht wurde und alle Sp genauso dastehen, endet die Szene. Die Sp suchen spielerisch nach dem Standbild.

VARIANTEN / INFORMATIONEN

Die Sp sollen versuchen nicht direkt das Zielbild zu erreichen.

TIPP ZUR VEREINFACHUNG

Das Zielstandbild muss nur ungefähr erreicht werden. Der SpL kann das Spiel beenden, wenn alle Sp auf der entsprechenden Position stehen.

9.5 GESCHICHTE MIT GEGENSTÄNDEN

Zu dritt   einfach mittel **schwierig**

SPIELBESCHRIEB

Drei Sp spielen eine frei improvisierte Szene. Sie erhalten als Vorgabe Gegenstände oder Worte, die sie in die Geschichte einbauen müssen. Die Gegenstände dürfen auch entfremdet werden. Z.B. darf ein Taschentuch auch eine Schneeflocke darstellen.

VARIANTEN / INFORMATIONEN

Als Variation können Storycubes verwendet werden.

Dieses Spiel eignet sich sehr gut, um das Geschichtenerzählen zu thematisieren. Eine Geschichte hat meist folgendes Schema:

Basis -> Problem -> Lösung.

TIPP ZUR VEREINFACHUNG

Es müssen nicht alle Gegenstände eingebaut werden.

Zu dritt   einfach mittel **schwierig**

SPIELBESCHRIEB

Die Sp erhalten als Vorgabe zwei Ereignisse, die vorzugs-weise nichts miteinander zu tun haben.

z.B. Ein Flugzeug fliegt durch die Luft. Unter Wasser findet der Tintenfisch eine Freundin.

Die Sp erfinden eine Geschichte, wobei sie die beiden Ereignisse in eine Beziehung bringen und in die Geschichte einbauen.

VARIANTEN / INFORMATIONEN

Es können auch Gegenstände verwendet werden. Ziel ist es, dass die Geschichte schlüssig ist.

TIPP ZUR VEREINFACHUNG

Zwei Ereignisse wählen, die miteinander verknüpft, oder nicht sehr fremd sind.

Zu zweit   einfach **mittel** schwierig

SPIELBESCHRIEB

Zwei Sp spielen eine frei improvisierte Szene. Vor jedem Satz erteilt der eine Sp dem anderen eine Regieanweisung. Der erste Satz erfolgt ohne Regieanweisung.

z.B.	Sp1	"Heute ist ein wunderschönen Tag."
	Sp2	"Sagt er, und schlendert über den Markt. Ich habe grossen Hunger"
	Sp1	"Sagt sie, und isst eine Tafel Schokolade."

VARIANTEN / INFORMATIONEN

Die Regieanweisungen dürfen auch gegensätzlich zum Gesagten sein. Diese bringen den Mitspielern in Erklärungsnot und gestalten das Spiel interessanter. Dennoch sollte nichts vom Spielpartner verlangt werden, dass er nicht tun möchte.

TIPP ZUR VEREINFACHUNG

Der SpL gibt die Regieanweisung. Damit die Sp sich nur aufs Spiel konzentrieren können.

Kapitel: **Spiele**

Zu viert   einfach **mittel** schwierig

SPIELBESCHRIEB

Zwei Sp spielen auf der Bühne pantomimisch eine frei improvisierte Szene. Die anderen beiden Sp setzten sich an den Bühnenrand und sind die Synchronsprecher der Spielenden. Sie machen die Stimme und sprechen den Text.

VARIANTEN / INFORMATIONEN

Die Sp müssen ihren Mund weit auf und zu machen. Am besten stellen sie sich vor, einen Kaugummi mit offenem Mund zu kauen.

TIPP ZUR VEREINFACHUNG

Die Synchronsprecher müssen nicht permanent sprechen oder können abgelöst werden.

Zu dritt   einfach **mittel** schwierig

SPIELBESCHRIEB

Ein Sp ist ein Experte, der etwas Weltbewegendes erfunden hat. Er weiss aber nicht, was das ist. Deshalb muss er während der Ideenfindung den Raum verlassen. Ein Sp spielt den Moderator, der den Experten interviewt und der dritte Sp spielt die Arme des Erfinders. Dazu stellt sich dieser hinter den Erfinder und hält seine Arme nach vorne als wären es die Arme des Erfinders.

Der Moderator und der Experte sprechen zusammen, die Hände des dritten Sp zeigen dem Experte pantomimisch, was er erfunden hat.

VARIANTEN / INFORMATIONEN

Der Moderator kann das Geschehen durch gezielte Fragen lenken.

TIPP ZUR VEREINFACHUNG

Alle Kinder stehen nebeneinander. Damit die Arme besser gesehen werden.

Zu dritt   einfach mittel schwierig

SPIELBESCHRIEB

Zwei Sp möchten gerne etwas umtauschen, das sie vorher gekauft haben. Sie wissen jedoch nicht, was sie umtauschen werden. Deshalb müssen sie während der Ideenfindung den Raum verlassen.

Ein Sp spielt den Verkäufer. Die anderen beiden Sp müssen im Spiel durch Behauptungen herausfinden, was sie gekauft haben.

VARIANTEN / INFORMATIONEN

Es hilft, wenn die Sp die Grösse des Umtausch-gegenstandes definieren. Wenn es nicht dazu passt, kann der Verkäufer fragen, ob denn das nur noch ein Teil des Ganzen sei, oder warum sie es denn so gut eingepackt haben.

TIPP ZUR VEREINFACHUNG

Es werden Gegenstände vorgegeben, die die Kinder vorher schon kennen.

9.11 GEBÄRDENDOLMETSCHER

Zu dritt   einfach mittel **schwierig**

SPIELBESCHRIEB

Ein Sp ist der Moderator, ein Sp ist ein Experte und der dritte Sp übersetzt das Interview in Gebärdensprache.

Der Dolmetscher imitiert die Gebärdensprache und führt entsprechend Zeichen mit vollem Körpereinsatz aus.

VARIANTEN / INFORMATIONEN

Der Dolmetscher muss darauf achten, dass er dieselben Zeichen für die selben Worte verwendet.

TIPP ZUR VEREINFACHUNG

Die sprechenden Sp machen immer wieder Pausen, damit der Dolmetscher mehr Zeit hat.

Zu sechst 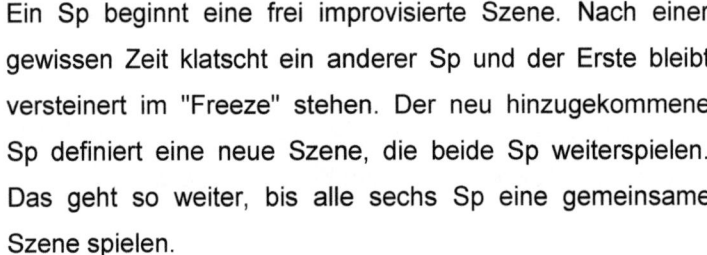 einfach mittel **schwierig**

SPIELBESCHRIEB

Ein Sp beginnt eine frei improvisierte Szene. Nach einer gewissen Zeit klatscht ein anderer Sp und der Erste bleibt versteinert im "Freeze" stehen. Der neu hinzugekommene Sp definiert eine neue Szene, die beide Sp weiterspielen. Das geht so weiter, bis alle sechs Sp eine gemeinsame Szene spielen.

Der letzte Sp findet einen Grund, um die Bühne zu verlassen. Die Szene spielt danach wieder in der vorhergehenden Fünferkonstellation weiter. Einer nach dem anderen Sp verlässt die Bühne, bis nur noch der erste Sp alleine auf der Bühne steht.

VARIANTEN / INFORMATIONEN

Ein gemeinsamer Gegenstand wird in jeder Szene verwendet. Die Eigenschaften des Gegenstandes dürfen in jeder Szene wechseln.

TIPP ZUR VEREINFACHUNG

Die Gruppengrösse kann verkleinert werden, damit die Szene übersichtlicher bleibt.

9.13 DAS KLINGT NACH EINEM LIED

Zu dritt   einfach mittel **schwierig**

SPIELBESCHRIEB

Drei Sp spielen eine frei improvisierte Szene. Wenn ein spezieller Satz fällt, sagt der SpL: "Das klingt nach einem Lied." Die Sp singen danach ein kurzes, frei improvisiertes Lied zum letzten Satz.

VARIANTEN / INFORMATIONEN

Das Lied soll möglichst über Gefühle handeln und die Beziehung zu den Mitspielern beschreiben.

TIPP ZUR VEREINFACHUNG

Lieder dürfen viele Wiederholungen haben. Der SpL kann mit einem Gong das Ende des Liedes signalisieren. Der SpL spielt eine bekannte Melodie auf der Gitarre oder dem Klavier vor.

Zu viert   einfach **mittel** schwierig

SPIELBESCHRIEB

Drei Sp spielen eine Szene. Ein Sp setzt sich an den Bühnenrand und tut so, als würde er auf einer Schreibmaschine ein Buch schreiben. Dieser Sp ist der Regisseur. Er gibt den anderen Sp vor, was sie zu spielen haben. Durch Aufforderungen kann er die Sp zum Reden animieren.

VARIANTEN / INFORMATIONEN

Der Autor kann jederzeit ausgewechselt werden, wenn er keine Ideen mehr hat.

TIPP ZUR VEREINFACHUNG

Es können zwei Autoren gemeinsam eine Geschichte schreiben.

9.15 RECLAM

Zu dritt   einfach mittel **schwierig**

SPIELBESCHRIEB

Drei Sp starten mit einer frei improvisierten Szene. Wenn ein Sp eine Inspiration braucht, nimmt er einen Satz in direkter Rede aus einem Reclam Büchlein und baut diesen ein.

z.B. Sp1   Was meine Oma schon immer gesagt hat: "So sprach Eva, gebet mir einen Apfel."

Dieser Satz muss danach möglichst plausibel erklärt, und in der Geschichte eingebaut werden.

VARIANTEN / INFORMATIONEN

Sprüche von Zuckersäckchen verwenden.

TIPP ZUR VEREINFACHUNG

Der SpL kann die Sätze vorlesen.

9.16 ONE WORD - ONE VOICE

Zu fünft   einfach mittel **schwierig**

SPIELBESCHRIEB

Bei diesem Spiel handelt es sich um eine Experten-diskussion. Dabei sprechen zwei Sp mit einer Stimme. (Siehe Monster S.47). Zwei weitere Sp sprechen, indem jeder jeweils nur abwechselnd ein Wort sagt. Der fünfte Sp ist der Moderator und stellt Fragen. Die Sp beantworten diese.

VARIANTEN / INFORMATIONEN

Am besten wird ein Pro und ein Contra bestimmt. Z.B. one voice als Pro, one-word als Contra.

TIPP ZUR VEREINFACHUNG

Es können auch beide Teams nur als one word oder one voice gesprochen werden. Je nachdem, welche Methode den Spielern leichter fällt.

9.17 POSITIV - NEGATIV

Zu zweit　　　　　　einfach **mittel** schwierig

SPIELBESCHRIEB

Zwei Sp spielen eine Szene zu einem Ereignis in der Vergangenheit. Dabei spricht ein Sp positiv über das Ereignis, während der andere negativ darüber spricht.

VARIANTEN / INFORMATIONEN

Die Sp sollen das Gesagte vom Partner übernehmen und entsprechend ihrer positiven oder negativen Einstellung drehen.

TIPP ZUR VEREINFACHUNG

Wenn die Szene nur gesprochen wird, ist das Spiel einfacher.

9.18 DUTCH SQUARE

Zu viert einfach **mittel** schwierig

SPIELBESCHRIEB

Die Sp stellen sich in einem Viereck auf. Immer die beiden Sp vorne am Bühnenrand spielen eine Szene. Auf ein Zeichen des SpL dreht sich das Viereck mit den Spielern um 90°. Die Sp, die nun vorne stehen, spielen eine neue Szene. So entstehen vier Geschichten. Die Geschichten spielen jeweils weiter, wenn die gleichen Sp wieder vorne stehen.

VARIANTEN / INFORMATIONEN

Die Geschichten sollten möglichst gegensätzlich sein. Es hilft, wenn jedes Paar drei Mal an der Reihe ist. Sie können die Geschichte nach folgendem Muster aufbauen: Basis - Problem - Lösung.

TIPP ZUR VEREINFACHUNG

Nach dem Drehen kann der SpL kurz zusammenfassen, was bisher gespielt wurde. Damit finden die Sp schneller wieder in der Geschichte.

9.19 TELEFON

Zu dritt Einfach mittel **schwierig**

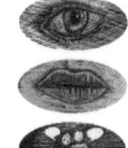

SPIELBESCHRIEB

Drei Sp stehen am Bühnenrand. Alle drei Sp spielen, ein Telefongespräch zu führen. Jeder Sp kann das Gespräch übernehmen, indem er den letzten Satz seines Mitspielers als ersten Satzes seines Telefongespräches verwendet.

VARIANTEN / INFORMATIONEN

Das Spiel wirkt sehr schwierig. Die Sp sollen ermutigt werden, ohne zu überlegen einen Satz zu wiederholen. Die passende Idee, wie es weitergeht, kommt meist von selbst.

TIPP ZUR VEREINFACHUNG

Der SpL kann unterbrechen und dem Sp den nächsten Satz vorgeben.

9.20 REIN RAUS

Zu viert   einfach **mittel** schwierig

SPIELBESCHRIEB

Jeder Sp bekommt ein Wort zugeteilt. Immer wenn dieses Wort auf der Bühne gesagt wird, muss dieser Sp die Szene verlassen oder betreten.

VARIANTEN / INFORMATIONEN

Je öfters die Sp rein und raus müssen, desto lustiger wird das Spiel. Die Sp suchen einen Grund, um die Szene zu verlassen.

TIPP ZUR VEREINFACHUNG

Der SpL kann die Sp auf das Verlassen aufmerksam machen. Oder man verwendet die Namen der Sp.

Zu dritt einfach **mittel** schwierig

SPIELBESCHRIEB

Ein Sp ist der Paartherapeut. Zwei andere Sp spielen das zu therapierende Paar. Ihnen werden als Vorgabe Tiere zugeteilt. Die Sp sollen die Eigenschaften der Tiere übernehmen, aber nicht das Tier selber spielen. Das heisst ein Sp spielt immer noch Mensch, er ist aber zum Beispiel nervös wie eine Spitzmaus.

VARIANTEN / INFORMATIONEN

Lustig wird die Szene, wenn zwei ganz gegensätzliche Tiere zur Therapie kommen.

TIPP ZUR VEREINFACHUNG

Vor dem Spielen können die Eigenschaften der Tiere gesammelt werden.

Zu dritt   einfach **mittel** schwierig

SPIELBESCHRIEB

Auf der Bühne steht ein Stuhl. Immer wenn der Stuhl von einem Sp berührt wird, ruft der SpL ihm ein Gefühl zu. Dieser nimmt das Gefühl an und spielt mit diesem Gefühl weiter, bis er erneut den Stuhl berührt.

VARIANTEN / INFORMATIONEN

Eine Szene wirkt stimmiger, wenn für die Stuhlberührung ein Grund gesucht wird.

TIPP ZUR VEREINFACHUNG

Vor dem Spielen können die Gefühle kurz angespielt werden. Das heisst der SpL. geht die Gefühle durch und die Sp sagen einen kurzen Satz mit diesem Gefühl.

10.1 SCHREIKREIS

In Gruppen

SPIELBESCHRIEB

Alle Sp stehen im Kreis nahe beisammen und schauen auf den Boden. Alle zählen gemeinsam auf drei. Danach schauen sie nach oben. Wenn sich zwei Blicke treffen, verlassen die beiden Sp schreiend den Kreis.

VARIANTEN / INFORMATIONEN

Wenn mehr als acht Sp mitmachen, kann es lange dauern, bis sich zwei Blicke treffen.

ZIEL UND ZWECK

Das Spiel ist als lockeren Abschluss gedacht.

10.2 GEMEINSAM ZÄHLEN

Im Kreis

SPIELBESCHRIEB

Alle Sp stehen im Kreis und versuchen gemeinsam auf 15 zu zählen. Jeder darf selber entscheiden, wann er eine Zahl nennt. Sobald zwei Sp gemeinsam eine Zahl sagen, beginnt das Zählen wieder bei null.

VARIANTEN / INFORMATIONEN

Mit einer neuen Gruppe soll das Ziel tief angesetzt werden. Mit der Zeit lässt es sich steigern. Wenn die Sp nahe beisammenstehen (Schulter an Schulter), klappt das Zählen besser.

ZIEL UND ZWECK

Es entsteht ein Gemeinschaftsgefühl.

10.3 GORDISCHER KNOTEN

Im Raum

SPIELBESCHRIEB

Alle Sp stehen eng beieinander. Blind halten sie die Hände in die Mitte und suchen nach zwei Händen. Jede Hand muss dabei eine andere Hand finden, die sie festhält.

Danach wird versucht, den so entstandene "Gordische Knoten" zu lösen. Die Hände dürfen dabei nicht losgelassen werden.

VARIANTEN / INFORMATIONEN

Es kann sein, dass der Knoten nicht gelöst wird oder dass sich mehrere, kleine Kreise bilden.

ZIEL UND ZWECK

Es entsteht ein Gemeinschaftsgefühl, die Berührungsängste werden abgebaut. Im Idealfall stehen die Sp am Ende in einem Kreis da.

10.4 KREISSITZEN

Im Kreis

SPIELBESCHRIEB

Alle Sp stehen in einem engen, gleichmässigen Kreis. Die Sp sollen möglichst nahe beieinanderstehen, so dass alle in die gleiche Kreisrichtung schauen (Rücken an Bauch). Danach versucht jeder auf den Knien der hinteren Person abzusitzen.

VARIANTEN / INFORMATIONEN

Wenn alle Sp sitzen, kann versucht werden, gemeinsam im Kreis zu gehen.

ZIEL UND ZWECK

Es entsteht ein Gemeinschaftsgefühl, die Berührungsängste werden abgebaut.

Im Kreis

SPIELBESCHRIEB

Die Sp stehen im Kreis. Zwei Sp beginnen eine frei improvisierte Szene in der Kreismitte. Das Thema wählen sie aus den Spielen, die zuvor gespielt wurden. Wenn ein Zuschauer inspiriert ist, klatscht dieser. Die beiden Sp im Kreis bleiben regungslos im "Freeze" stehen. Der Sp, der geklatscht hat, schickt einen Sp raus und zu zweit wird eine neue Szene gespielt.

VARIANTEN / INFORMATIONEN

Die neue Szene soll nicht dort weiterspielen, wo die alte aufgehört hat.

ZIEL UND ZWECK

Mit einem "Best of" können die schönsten Szenen einer Probe nochmals aufleben.

Für das Improvisieren werden immer wieder Inspirationen benötigt. Aus diesem Grund ist hier eine umfangreiche Liste aus dem Impro Wiki[2] aufgeführt.

---

[2] Improwiki. (o.J.). *Improtheater und Theatersport*. Abgerufen am 31. 12 2015. Online unter: http://improwiki.com/de/

11.1 BERUFE

Abt/Äbtissin	Bademeister/in	Call-Center-Agent/in
Apotheker/in	Bergführer/in	Comedy-Autor/in
Architekt/in	Bibliothekar/in	Creative Director/in
Artist/in	Biologe/Biologin	Chemiker/in
Astronaut/in	Briefträger/in	Chorsänger/in
Altenpfleger/in	Bäcker/in	
Arzt/Ärztin	Barkeeper/in	
Augenoptiker/in	Betonbauer/in	
	Boxer/in	
	Buchhändler/in	
	Bundesrat/rätin	
Damenschneider/in	Eisverkäufer/in	Fahrradkurier/in
Dirigent/in	Energieberater/in	Fahrlehrer/in
Dachdecker/in	Erzieher/in	Feuerwehrmann/frau
Diskjockey	Eheberater/in	Florist/in
Dolmetscher/in	Elektriker/in	Fluglotse/Fluglotsin
	Ernährungsberater/in	Fotograf/in
	Event-Manager/in	Friedhofsgärtner/in
Gärtner/in	Hausfrau/Hausmann	Imker/in
Geigenbauer/in	Hirte/Hirtin	Immobilienmakler/in
Gleisbauer/in	Hochzeitsplaner/in	Informatiker/in
Gymnasiallehrer	Hochbauzeichner/in	Innenarchitekt/in
Geburtshelfer/in		
Jäger/in	Klempner/in	Landwirt/in
Jazz-Musiker/in	Koch/Köchin	Lastwagenfahrer/in
Journalist/in	Komponist/in	Logopäde/Logopädin
Jurist/in	Kosmetiker/in	Lokomotivführer/in
	Krankenschwester/	
	Krankenpfleger	
	Kameramann/frau	
	Kapitän/in	
	Klavierbauer/in	

Maler/in	Ozeanograph/in	Pathologe/in
Marktforscher/in	Osteopath/in	Pfarrer/in
Maurer/in	Ofenbauer/in	Pförtner/in
Meteorologe/in	Orthopädist/in	Physiker/in
Model		Pilot/in
Musiklehrer/in		Programmierer/in
		Puppenspieler/in
Rechtsanwalt/anwältin	Schäfer/in	Taxifahrer/in
Redenschreiber/in	Schauspieler/in	Tierarzt
Regisseur/in	Schiffbauer/in	Tierpfleger/in
Reiseleiter/in	Schornsteinfeger/in	Türsteher/in
Rettungsschwimmer/in	Schreiner/in	
Richter/in	Souffleur/in	
	Spargelstecher/in	
	Sportlehrer/in	
	Steinmetz/in	
	Stuntman/frau	
Uhrmeister/in	Verkäufer/in	Wahlforscher/in
Unternehmensberater/in	Versteiger	Weihnachtsmann/frau
	Verteidigungsminister/in	Winzer
Zahnarzt/ärztin		
Zeitungszusteller/in		
Zimmermann		
Zugbegleiter/in		

Familie	Liebe	Ausbildung und Schule
Ehepaar	Alternder Liebhaber	Lehrer und Schüler
Vater/Kind	Erwischter Geliebter	Lehrer und Schulleiter
Mutter/Kind	Erste Verabredung	Lehrer und Eltern
Schwiegermutter und	Chat Bekanntschaft	Schüler und Gruppe
Schwiegertochter/Sohn	Ex-Frau und neue Frau	Verrückter Professor und
Geschwister	Ex-Mann und neuer Mann	Experiment
Großeltern und Enkel		Offizier und Rekrut

Recht/Kriminalität	Überirdisch/irreal/Geister	Dinge
Wächter und Gefangener	Gewissen und Mensch	Blutzelle und Bakterium
Rechtsanwalt und Klient	Alice und das weiße	PC und Benutzer
Richter und Rechtsanwalt	Kaninchen	Früchte in der Obstschale
Polizist und Ganove	Astronaut und Außerirdischer	Roboter und sein Schöpfer
Autobahnpolizist und	Mensch und Spiegelbild	Kind und Spielzeug/Puppe
Autofahrer	Kapitän und Geist	Bauchredner und Puppe
Sheriff und	Romantischer Mann und die	
Gangsterbande	Blumen, die er mit sich trägt	
Angeklagter und Richter		

Tiere	Film	Genre
Hund und Knochen	Film/Popstar und Fan	Cowboy und Indianer
Ratte und	Schauspieler und Regisseur	Räuber und Gendarm
Laborwissenschaftler	Regisseur und Produzent	Batman und Robin
Fisch und der Wurm am	Schauspieler und Stunt-	Kasperli und Seppli
Haken	double	Big Brother und Kandidat
Frosch und Prinzessin		Kandidat und
Präparator und Tier		Quizshowmaster
Herrchen/Frauchen/Kind		
und Haustier		

Beruf	Arzt/Gesundheitswesen	...und Kunde
Pilot und Crew/ Passagiere/Stewardess...	Arzt und Patient	Kellner und Gast
Chef und Mitarbeiter	Arzt und Krankenschwester	Verkäufer und Kunde
Chef und Sekretärin	Tierarzt und Tier/Besitzer	Taxifahrer und Kunde
Präsident und Kabinett	Assistenzarzt und Chefarzt	Massschneider und Kunde
Politiker und Wähler	Schönheitschirurg und alterndes Topmodel	Friseur und Kunde
Buchhalter und Geschäftsmann/Frau		Automechaniker und Autobesitzer
Fabrikarbeiter und Konzernchef		Bus/U-Bahn-Fahrer und Fahrgast
Herr und Diener		
Feng-Shui-Berater und Wohnungseigentümer		
Boxtrainer und Boxer		
Waffenhändler und Pazifist		
Croupier und Roulettespieler		

11.3 GEFÜHLE

Positive Gefühle			
angeregt	ergriffen	hoffnungsvoll	tatkräftig
aufgedreht	erheitert	inspiriert	überglücklich
aufgeregt	erleichtert	interessiert	übermütig
ausgeglichen	ermuntert	klar	überrascht
ausgelassen	ermutigt	kraftvoll	überschäumend
beeindruckt	erstaunt	lebendig	überschwänglich
beflügelt	erwartungsvoll	lebhaft	überwältigt
befreit	fasziniert	leicht	unbekümmert
befriedigt	feinsinnig	liebevoll	unbeschwert
begeistert	frei	locker	unerschütterlich
begierig	freuen	lustig	verblüfft
behaglich	friedlich	lustvoll	vergnügt
belebt	froh	motiviert	verliebt
belustigt	fröhlich	munter	verspielt
berauscht	gebannt	mutig	vertrauensvoll
beruhigt	geborgen	neugierig	verwundert
berührt	geduldig	offen	verzaubert
beschwingt	gefasst	optimistisch	verzückt
bewegt	gefesselt	respektvoll	voller Vorfreude
bezaubert	gelassen	ruhig	wach
dankbar	gemütlich	satt	warmherzig
eifrig	gerührt	schwungvoll	wissbegierig
energiegeladen	geschützt	selbstsicher	wohl
energisch	gespannt	selig	zärtlich
engagiert	glücklich	sensibel	zufrieden
enthusiastisch	glückselig	sicher	zugeneigt
entlastet	gütig	sorgenfrei	zugewandt
entschlossen	heiter	sorglos	zutraulich
entspannt	hellwach	still	zuversichtlich
entzückt	herzlich	stolz	
erfreut	hingerissen	stressfrei	
erfrischt	hocherfreut	tapfer	

Negative Gefühle

arrogant	empfindlich	neidisch	unsicher
abgespannt	empört	nervös	unter Druck
aggressiv	entmutigt	niedergeschlagen	unwohl
alarmiert	entrüstet	ohnmächtig	unzufrieden
angeekelt	enttäuscht	panisch	verängstigt
angespannt	ermüdet	peinlich	verärgert
ängstlich	ernüchtert	pessimistisch	verbittert
ärgerlich	erregt	ratlos	verlegen
argwöhnisch	erschlagen	ruhelos	verletzbar
aufgebracht	erschöpft	sauer	verletzt
ausgelaugt	erschrocken	scheu	verloren
beängstigt	feindselig	schläfrig	verrückt
bedrängt	frustriert	schlapp	verschlafen
bedrückt	furchtsam	schockiert	verschlossen
befangen	gehässig	schwermütig	verschreckt
beklommen	gehemmt	skeptisch	verspannt
bekümmert	geladen	sorgenvoll	verstimmt
belastet	gelangweilt	strapaziert	verstört
beleidigt	gequält	streitlustig	verunsichert
beschämt	gereizt	teilnahmslos	verwirrt
besorgt	gestört	träge	verzagt
bestürzt	gleichgültig	traurig	verzweifelt
betroffen	hasserfüllt	überdrüssig	vorwurfsvoll
betrübt	hilflos	überfordert	weinerlich
beunruhigt	irritiert	überlastet	widerwillig
bitter	jämmerlich	unbehaglich	wütend
blockiert	kalt	unbeteiligt	zappelig
depressiv	kribbelig	ungeduldig	zerknirscht
deprimiert	leer	ungehalten	zermürbt
distanziert	lustlos	ungemütlich	zerrissen
dumpf	missmutig	unglücklich	zittrig
durcheinander	misstrauisch	unklar	zögerlich
eifersüchtig	müde	unnahbar	zornig
einsam	mürrisch	unruhig	zynisch
ekelerfüllt	mutlos	unschlüssig	

Filmgenres

Abenteuerfilm	Horrorfilm	Monumentalfilm	Spionagefilm
Actionfilm	Katastrophenfilm	Monsterfilm	Stummfilm
Adelsromanze	Weltuntergangs-	King Kong	Superhelden
Amateurfilm	szenario	Musik-Film	Comicvorlagen
Bergfilm	Kinderfilm	Piratenfilm	Teenager -
Bergsteigerdrama	Komödie	Roadmovie	Komödie
Sandalenfilm	Kriminalfilm	Science Fiction,	Thriller
Bollywood Film	Liebesfilm	Weltraumepos,	Western
Indische	Mantel und Degen	Begegnung mit	Italo-Western
Liebesfilme	Drei Musketiere	Außerirdischen	Zeichentrick
Eastern	Märchen	Spionage:	
Kung Fu	Melodram	James Bond 007	
Fantasy	Manga	Slapstick	
Historienfilm	Comic	Tragödie	

Fernsehformate

Arena	Eurovision	Tagesschau	Wahlwerbung
Arte	Hitparade	Reality-TV	Werbung
Arztserie	Kassensturz	Reisemagazin	Wetterbericht
Beratungssendung	Kindersendung	Städtemagazin	Politik
Der Bestatter	Sesamstraße	Reportage	Wirtschaft
Doku Soap	Sendung mit der	Sitcom	Wissenschaft
Die Auswanderer	Maus	Soap, Seifenoper	Wissenschaftsshow
Kindererziehung	Kochshow	Sport: Sportschau,	Wort am Sonntag
Haus einrichten	Kultursendung	Live-Übertragung	
Galileo	Kunst und Krempel	Sprachkurs	
Gerichtssendung	Literaturklub	Talkshow	
Glanz und Gloria	Meteo	Teleshop	
Gottesdienst	Musikantenstadl	Tierdoku	
Fernsehprediger	Netz Natur	Wahlstudio	

Theatergenres

griechische Tragödie	Experimental	Shakespeare	Rockoper
Volkstheater	Brecht / Episches Theater	Barock-Theater	Operette
Tanztheater	Revolutionstheater	Comedia del Arte	Klassische Oper
Ballett	Sozialistisches	Expressionistisches	Moderne Oper
Modern Dance	Lehrstück	Goldoni / Voltaire	Chinesische Oper
Jazzdance,	Musik Theater	Bauernschwank	
Problemstücke	Absurdes Theater	Schwarzes Theater	
		Musical	

Kinder

Marionettentheater	Knetgummi	Märchen	Kasperlitheater
Puppentheater	Clowntheater	Lieder	Sendung mit der
Zeichentrickfilm	Zauberer	Löwenzahn	Maus

Musikstile

Gregorianische Gesänge	Jazz	Chanson	Hard Rock
Mittelalterliche Musik	Latin Jazz	Volksmusik	Heavy Metal
Kirchenmusik	Elektrik Jazz	Irish Folk	Techno
Minnesänger	Free Jazz	Bauchtanzmusik	Elektronische Musik
Sauf- Studentenlied	Punk	Indianertanz	Rap
Liebeslied	Salsa / Merenge	Afrikanische Musik	Hip Hop
derbe Lieder	Afrikanischer Pop	Obertongesang	A Capella
Stummfilm	Reggae	Jodeln	Instrumental
Ragtime	Country & Western	Kabarett Lied	Kinderlied
Kunstlied	Hilly Billy	Spottlied	
Sänger und Klavier	Soul	Sozialistisches	
Minimal Musik	Gospel	Arbeiterlied	
	Singer & Songwriter	Schlager	
	Liedermacher	Rock	

Gebäude/Bauwerke

Aussichtsturm	Kapelle	Säuglingsstation	Pyramide
Bauernhaus	Kathedrale	Röntgenraum	Gefängnis
Geschäft	Kloster	Gipsraum	Eisstation
Hochhaus	Krankenhaus	Polizeistation	Eiffelturm
Hühnerstall	OP	Rathaus	Forsthaus
Kaserne	Kreissaal	Wolkenkratzer	
Kirche	Notaufnahme	Stadion	

Geschäfte/Büros/Praxen/Kanzleien/Arbeitswelt

Anwaltskanzlei	Internetcafe	Messestand	Würstchenbude
Baumarkt	Kantine	Fitnessstudio	Zahnarzt
Büro	Kieferorthopäde	Nagelstudio	Zoofachgeschäft
Chefsekretariat	Kindergarten	Schlachterei	Zweithaarstudio
Fabrik	Markthalle	Schule	
Friseur	Marktplatz	Sonnenstudio	
Grossraumbüro	Massagepraxis	Supermarkt	
Hafen	Waschsalon	Werbeagentur	

Natur

Berg, Berggipfel	Strand	unter Wasser	einsame Insel
Gebirge	Sumpf	Tiefsee	Moor
Gletscher	Wiese	Regenwald	Savanne
Wald	Wüste	Dschungel	Wasserfall
See	Höhle	Hochgebirge	im Irrgarten
Stausee	Park	Oase	
Steppe	im/am Fluss	Bergwiese	

irreale/nichtexistente/unerreichbare Orte

Mond, Planeten	Raumstation	Zeitmaschine	Raumschiff
Himmel	Spukschloss	Mikrokosmos	fliegender Teppich
Paradies	im menschlichem	Atom(modell) und	
Olymp	Körper	Molekül(modell)	

Räume

Bibliothek	Standesamt	Schlafzimmer	Musikzimmer
Einwohneramt	Museum	Küche	Bibliothek
Schule	Arbeitszimmer	Garage	Gästezimmer
Kino	Badezimmer	begehbarer	Speisekammer
Konzertsaal	Hobbyraum	Schrank	Keller
Theater	Kinderzimmer	Abstellraum	
Praxis	Balkon	WG Küche	
Kaminzimmer	Haushaltsraum	Gartenhaus	
Speisezimmer	Wohnzimmer	Dachboden	

Historische Orte

Saloon	römischer	Limes	vor dem Stadttor
Höhle von	Marktplatz	Turm von Babel	
Urmenschen	Ritterburg	Folterkammer	
im Sarkophag	Atlantis	Pyramide	

Fortbewegungsmittel

Schiff	Flugzeug	Wohnmobil	Kutsche
U-Boot	Auto	Motorrad	Fahrstuhl
Kreuzfahrtschiff	LKW	Zug	Zeppelin
Fischkutter	Bus	Seilbahn	Ballonkorb
Straßenbahn	auf dem Pferd	Bus	Auf Kanonenkugel

Sonstiges

unter der Brücke	Weihnachtsmarkt	Zoo	auf dem Jakobsweg
auf der Brücke	Baumschule	Zirkus	
Friedhof	im gegnerischen	Orchestergraben	
Telefonzelle	Strafraum	auf dem Laufsteg	

11.6 TÄTIGKEITEN

Alltag

Abheften	Flanieren	Mähen	Sonnen
Abtrocknen	Fliegen (Flugzeug)	Meditieren	Spazieren gehen
Anzünden	Flirten	Nähen	Sprayen
Aufhängen	Fotografieren	PC-Tätigkeiten	Spülen (Geschirr)
Ausziehen	Fotokopieren	Pfeifen	Staub wischen
Baden	Gießen (Blumen)	Pflanzen	Stolzieren
Besichtigen	Graben	Putzen	Telefonieren
Bohren	Häkeln	Radio hören	Treppen steigen
Brief/Paket öffnen	Hämmern	Rasieren	Trinken
Bügeln	Husten	Rolltreppe fahren	Waschen
Duschen	Kinofilm schauen	Saugen	Warten
Essen	Kitzeln	Schälen	Zähne putzen
Fahren	Kochen	Schlafen	Zusammenbauen
Fegen	Kratzen	Schlecken	Zuschauen/Gaffen
Feiern	Küssen	Schleichen	
Fernsehen	Lasten tragen	Schminken	
Filmen	Lesen	Schneiden	

Sonstiges

Anzünden	Einchecken	Verbrennen	
Applaudieren	Fesseln	Wählen	
Ausrutschen	Klauen	Zelt aufbauen/	
Demonstrieren	Knopf drücken	abbauen	
Duellieren	Randalieren	Zerstören	

	A Ramtamtam	Afrikanischer Klatschkreis	AssoziationsKreis	Begrüssungsritual	Best of	Bidibidibap	Ein-Wort Geschichte	Eisklotz	Follow the King	Gefällt mir	Gefühl und Erklären
Seite	34	21	13	30	79	17	33	25	31	15	44
Wahrnehmung - Präsenz	x	x			x	x		x	x		x
Beziehung - Kommunikation			x	x	x		x		x	x	
Sprache - Stimme	x		x	x	x	x	x				
Ausdruck - Körper					x	x			x	x	x
Im Raum					x			x	x		
Im Kreis	x	x	x		x	x					
In Gruppen							x			x	x

	Gegenstand weitergeben	Gemeinsam Zählen	Gordischer Knoten	Gromolo Übersetzer	Ich auch	Inselfangen	Klatschkreis zip-Zap-Boing	Kreissitzen	Mantra	Monster	Ou ja!
Seite	38	76	77	24	14	20	22	78	43	47	23
Wahrnehmung - Präsenz	X	X	X			X	X		X		X
Beziehung - Kommunikation		X	X	X	X			X		X	X
Sprache - Stimme					X		X		X	X	
Ausdruck - Körper	X								X		
Im Raum			X			X				X	X
Im Kreis	X	X			X		X	X			
In Gruppen				X					X		

	Pinguin und Eisbär	Raum einrichten	Raumlauf	Raumlauf mit Vorgaben	Raumlauf Nur einer geht	Samurai	Schreikreis	Spiegel	Standbild	Statuen	Stürzen - Aufhelfen
Seite	18	46	26	27	28	19	75	35	40	45	29
Wahrnehmung - Präsenz	x	x	x	x	x	x		x		x	x
Beziehung - Kommunikation					x		x		x		x
Sprache - Stimme							x				
Ausdruck - Körper	x	x	x	x				x	x	x	
Im Raum	x		x	x	x				x	x	x
Im Kreis						x	x				
In Gruppen		x						x			

	Subtext	Und dann	Verändern	Whiskymixer	Zeitlupenrennen	Zeitlupenschlägerei	Zwei Sachen
Seite	41	39	42	16	36	37	32
Wahrnehmung - Präsenz				x	x	x	
Beziehung - Kommunikation		x			x	x	
Sprache - Stimme	x	x		x			x
Ausdruck - Körper	x		x		x	x	
Im Raum					x		
Im Kreis				x			x
In Gruppen	x	x	x			x	

	ABC-Spiel	Autor	Das Ding	Das klingt nach einem Lied	Dutch Square	Ereignisse zusammenbringen	Fremde Arme	Gebärdendolmetscher	Gefühlsstuhl	Geschichte mit Gegenständen	Halbe Zeit
Seite	51	64	52	63	68	56	59	61	72	55	53
Wahrnehmung - Präsenz	x	x	x	x	x	x	x	x	x	x	x
Beziehung - Kommunikation	x	x	x	x	x	x	x	x	x	x	x
Sprache - Stimme	x	x	x	x	x	x	x	x	x	x	x
Ausdruck - Körper	x	x	x	x	x	x	x	x	x	x	x
Im Raum											
Im Kreis											
In Gruppen											

	One Word - one Voice	Positiv - Negativ	Pyramide	Reclam	Rein Raus	Sagt er	Synchronsprecher	Telefon	Tierische Paartherapie	Umtausch	Zielstandbild
Seite	66	67	62	65	70	57	58	69	71	60	54
Wahrnehmung - Präsenz	x	x	x	x	x	x	x	x	x	x	x
Beziehung - Kommunikation	x	x	x	x	x	x	x	x	x	x	x
Sprache - Stimme	x	x	x	x	x	x	x	x	x	x	x
Ausdruck - Körper	x	x	x	x	x	x	x	x	x	x	x
Im Raum											
Im Kreis											
In Gruppen											

Die Spiele wurden frei aus dem Gedächtnis des Autors geschrieben. Durch die mehrjährige Erfahrung als Improvisationsspieler ist ein grosses Repertoire zusammengekommen.

Improwiki. (o.J.). *Improtheater und Theatersport.* Abgerufen am 31. 12 2015. Online unter: http://improwiki.com/de/wiki/improtheater/special/category/28/ubung en

Felder, M., Kramer-Länger, M., Lille, R., & Ulrich, U. (2013). *Studienbuch Theaterpädagogik. Grundlagen und Anregungen.* Zürich: Publikationsstelle an der Pädagogischen Hochschule Zürich.

Johnstone, K. (1998). Theaterspiele. Spontaneität Improvisation und Theatersport. Berlin: Alexander Verlag Berlin.

List, V. (2012). *Kursbuch-Improtheater.* Stuttgart: Ernst Klett Verlag GMBH.

Vlcek, R. (2013). Workshop Improvisations-theater, Übungs- und Spielesammlung für Theaterarbeit, Ausdrucksfindung und Gruppendynamik. Donauwörth: Auer Verlag.